ACQUE *Tranquille*

Adulto Da Colorare Libro Natura Edition

Coloring Bandit

Pubblicato da Speedy Publishing Canada Limited

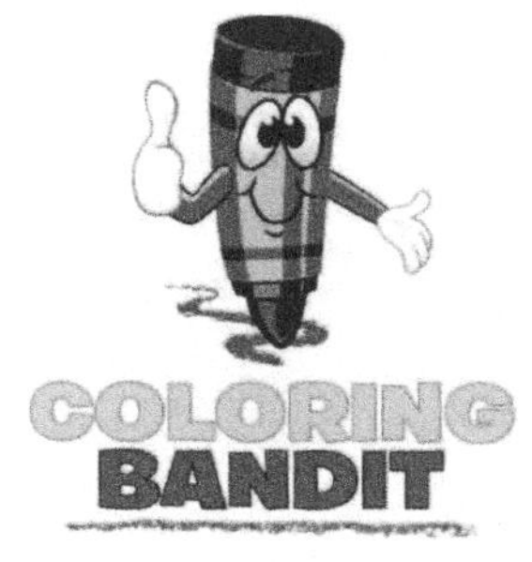

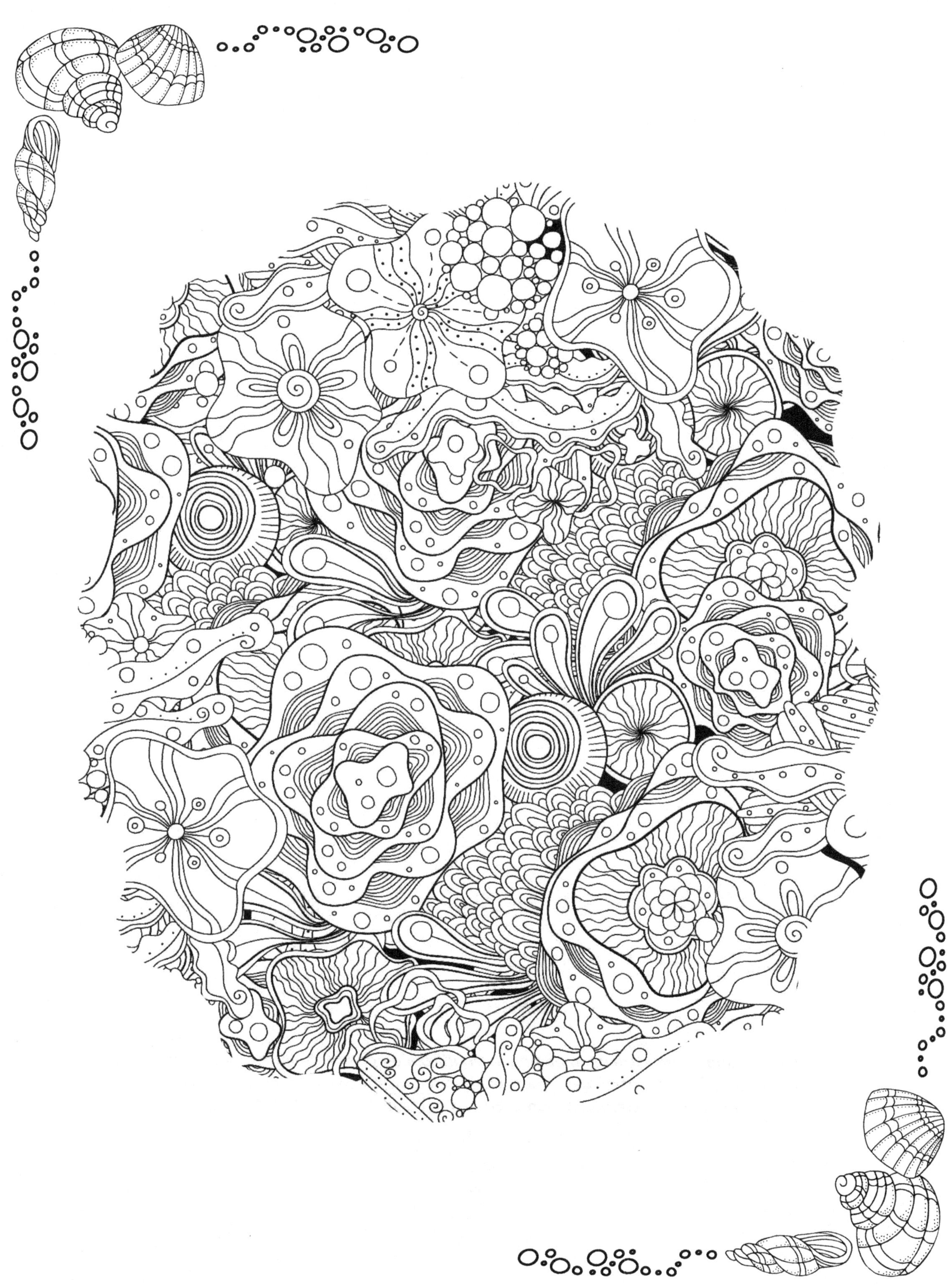

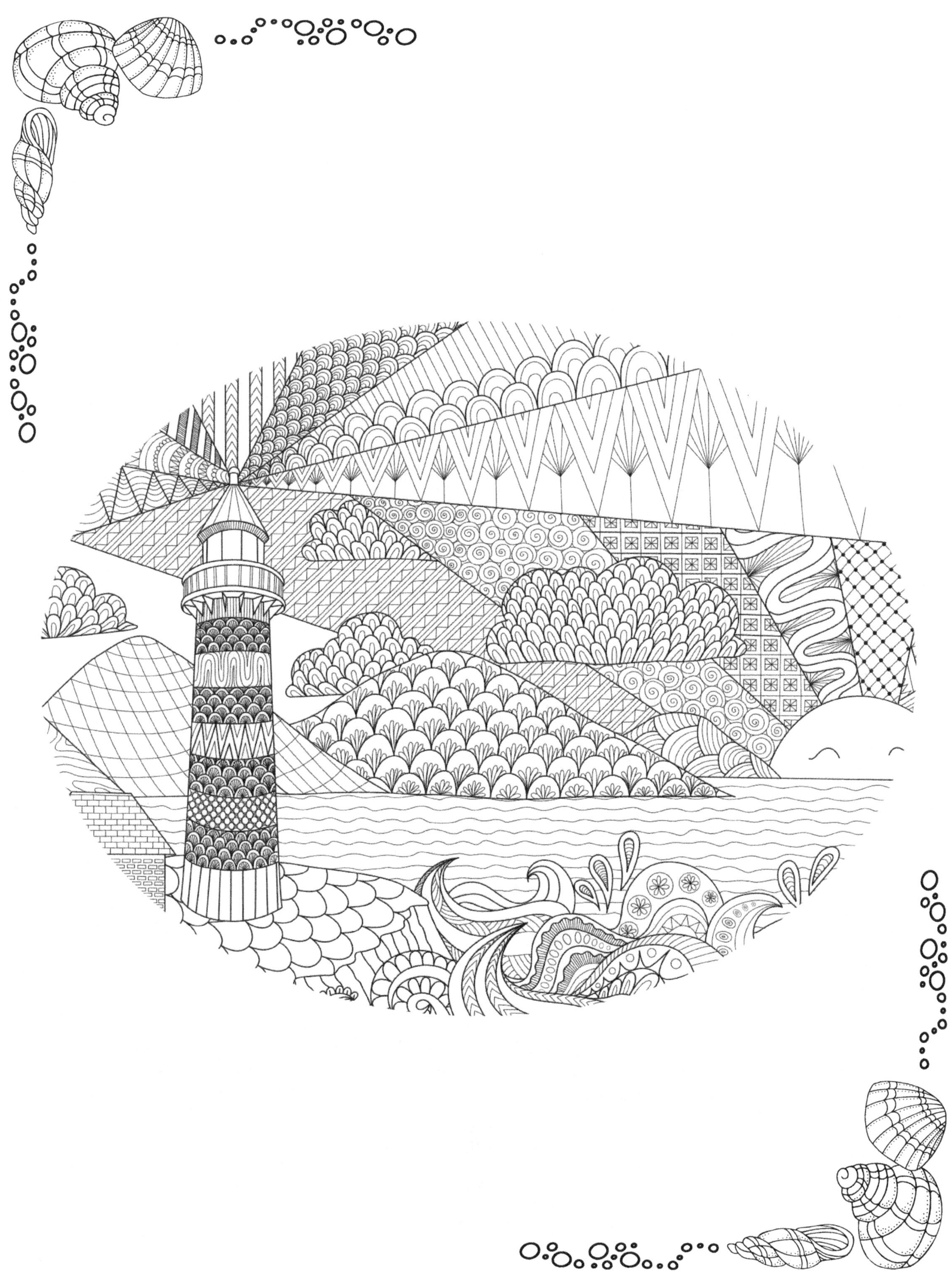

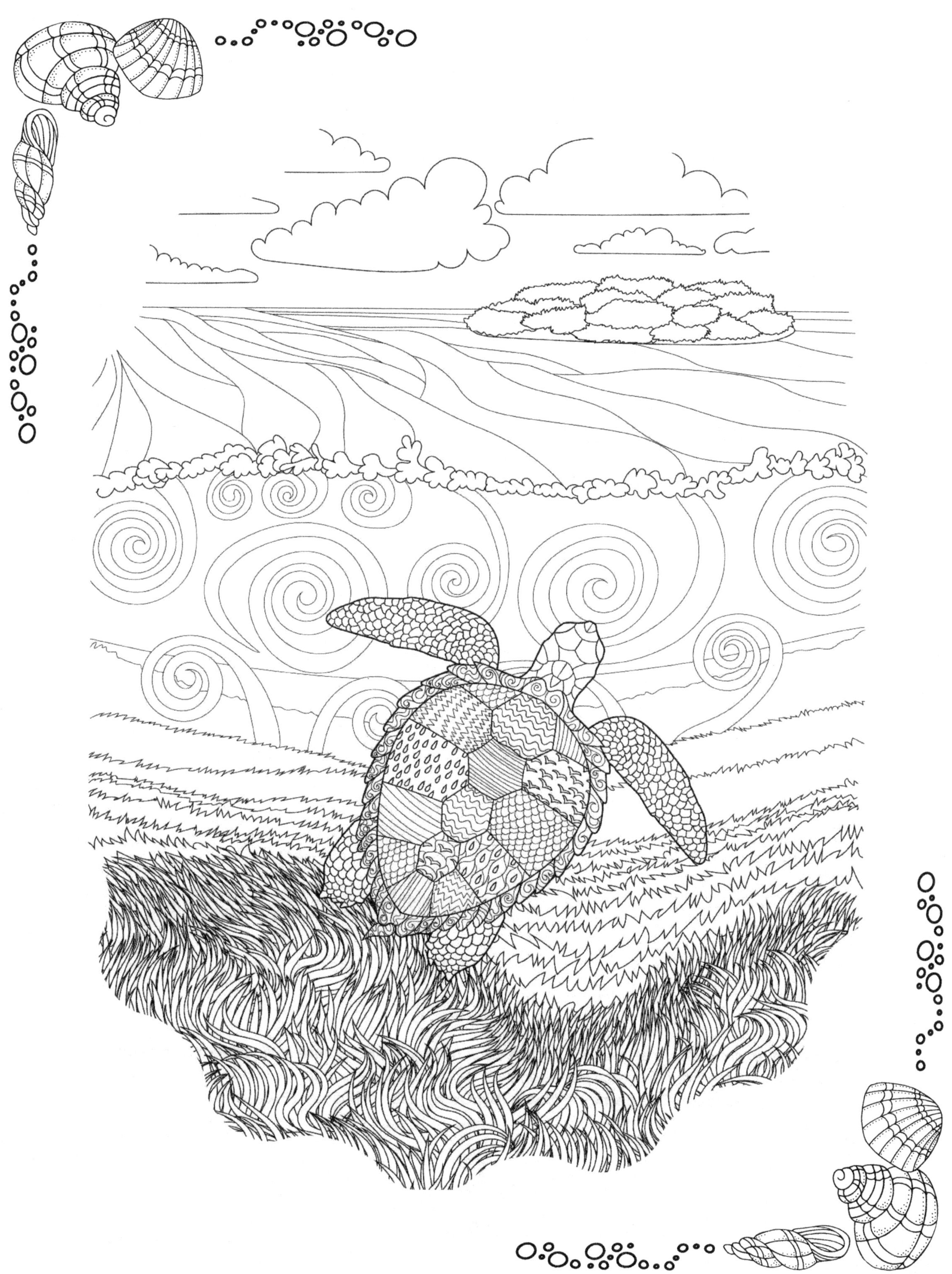

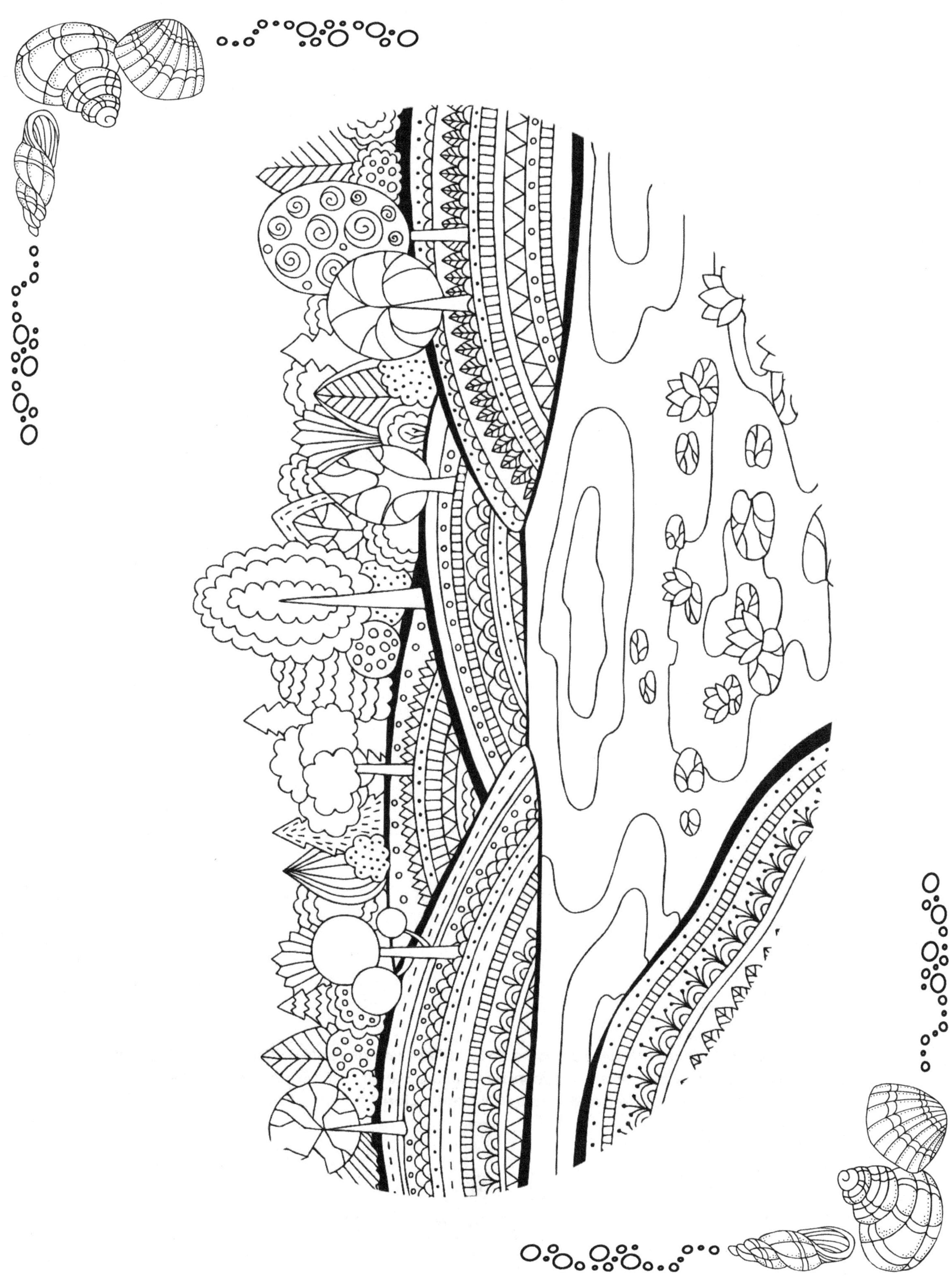

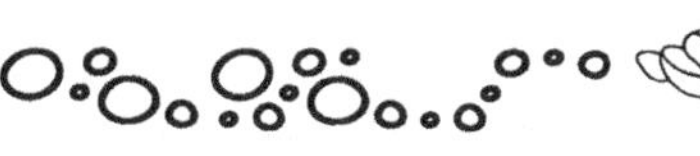

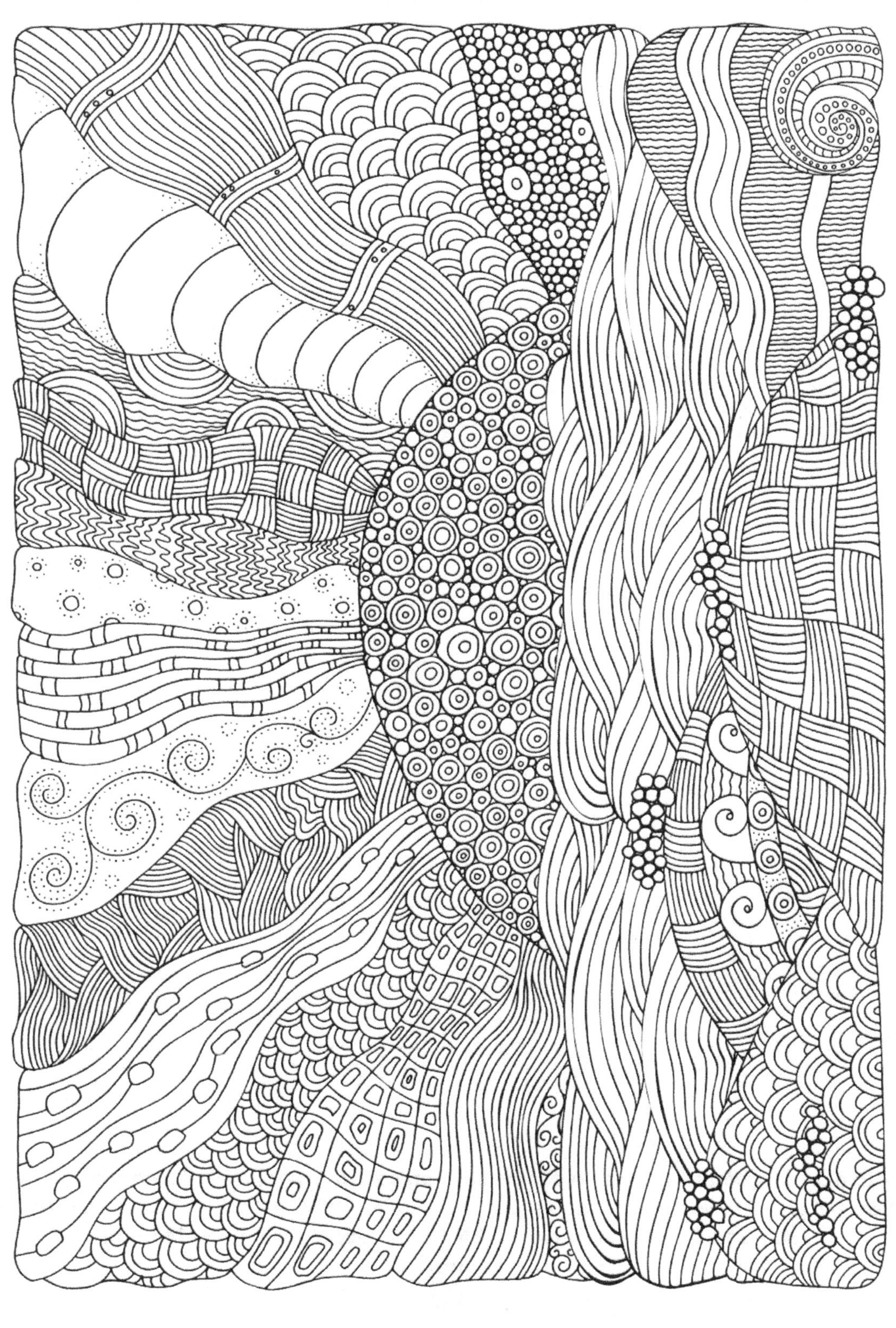

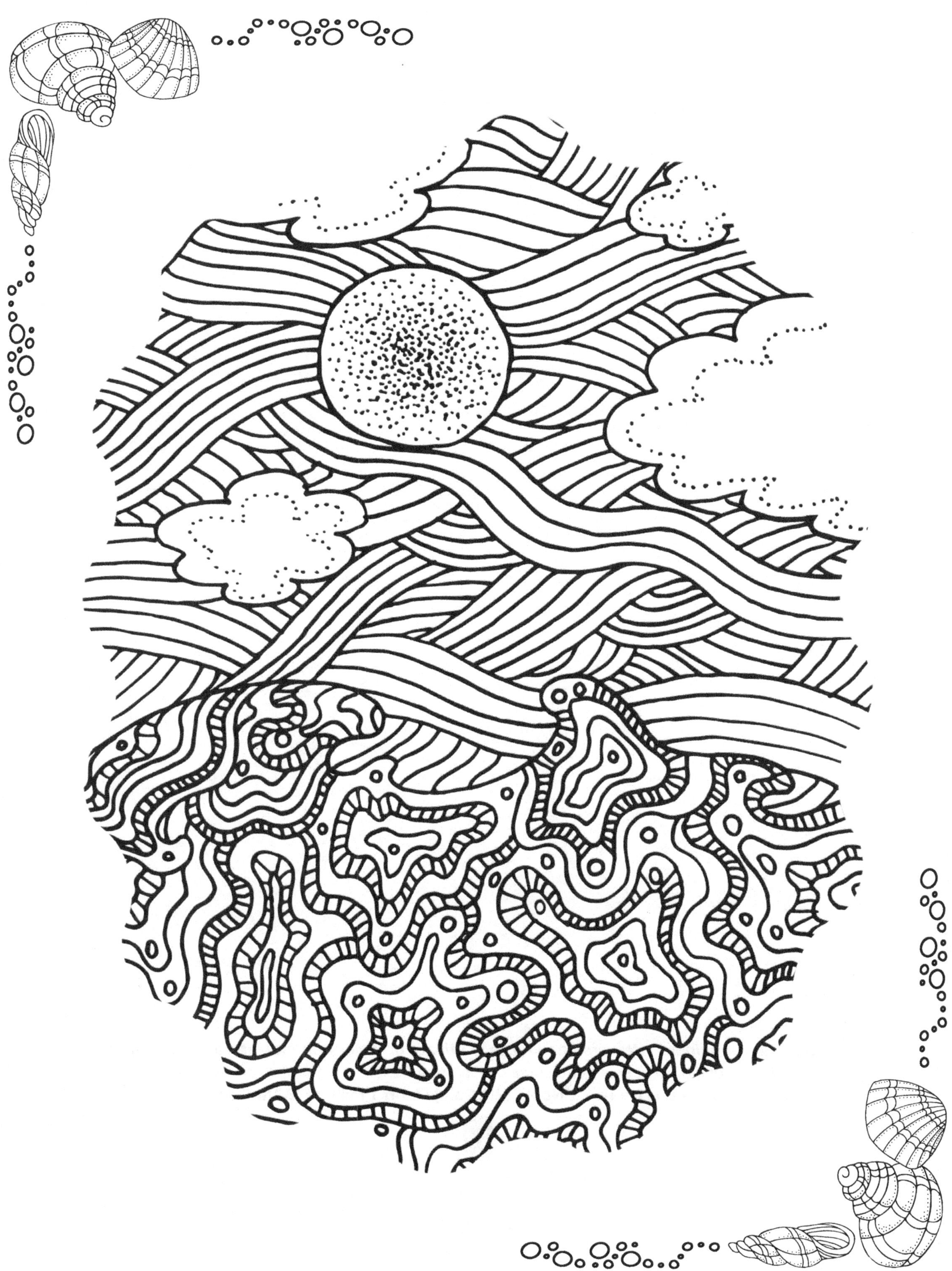

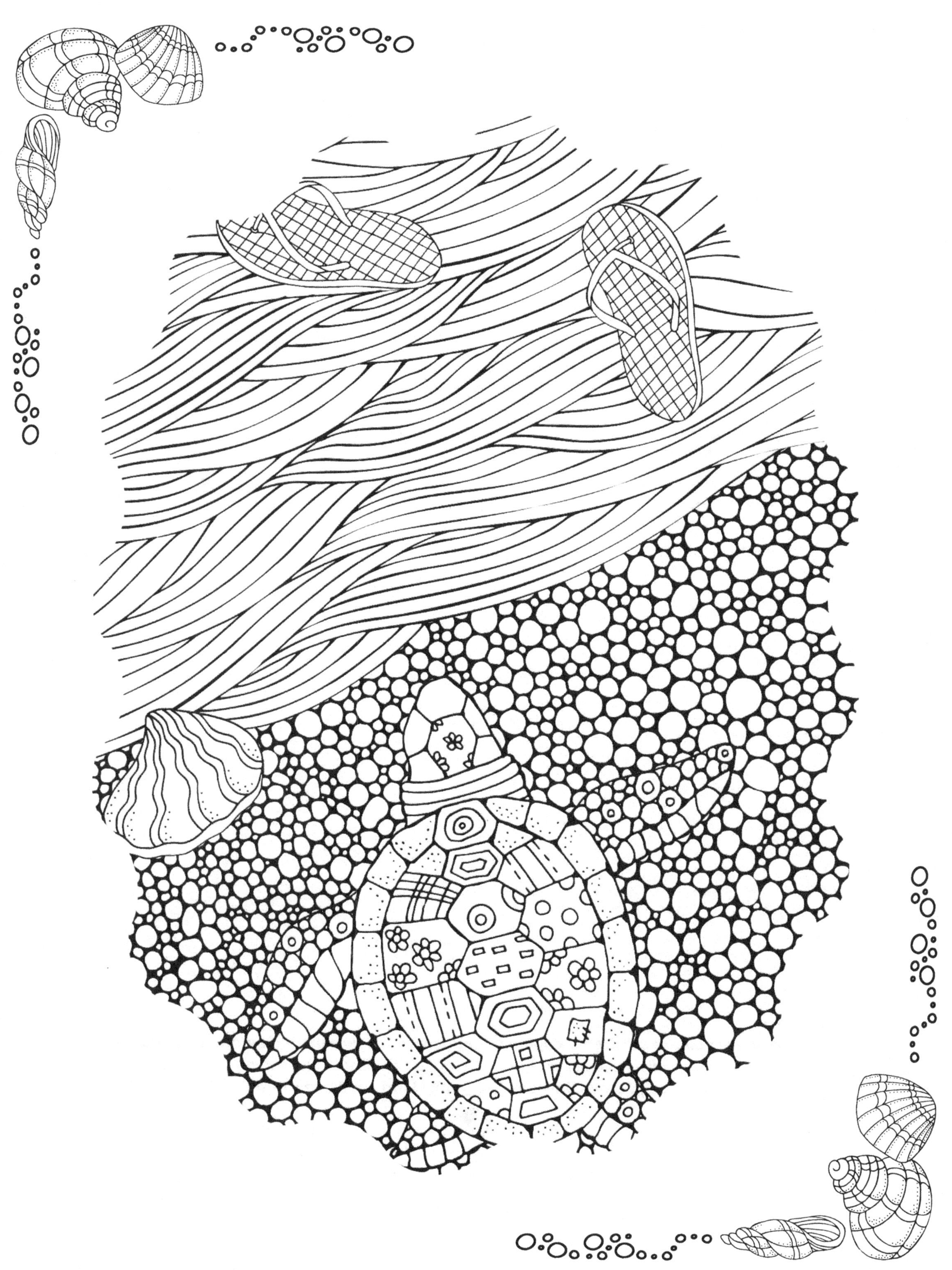

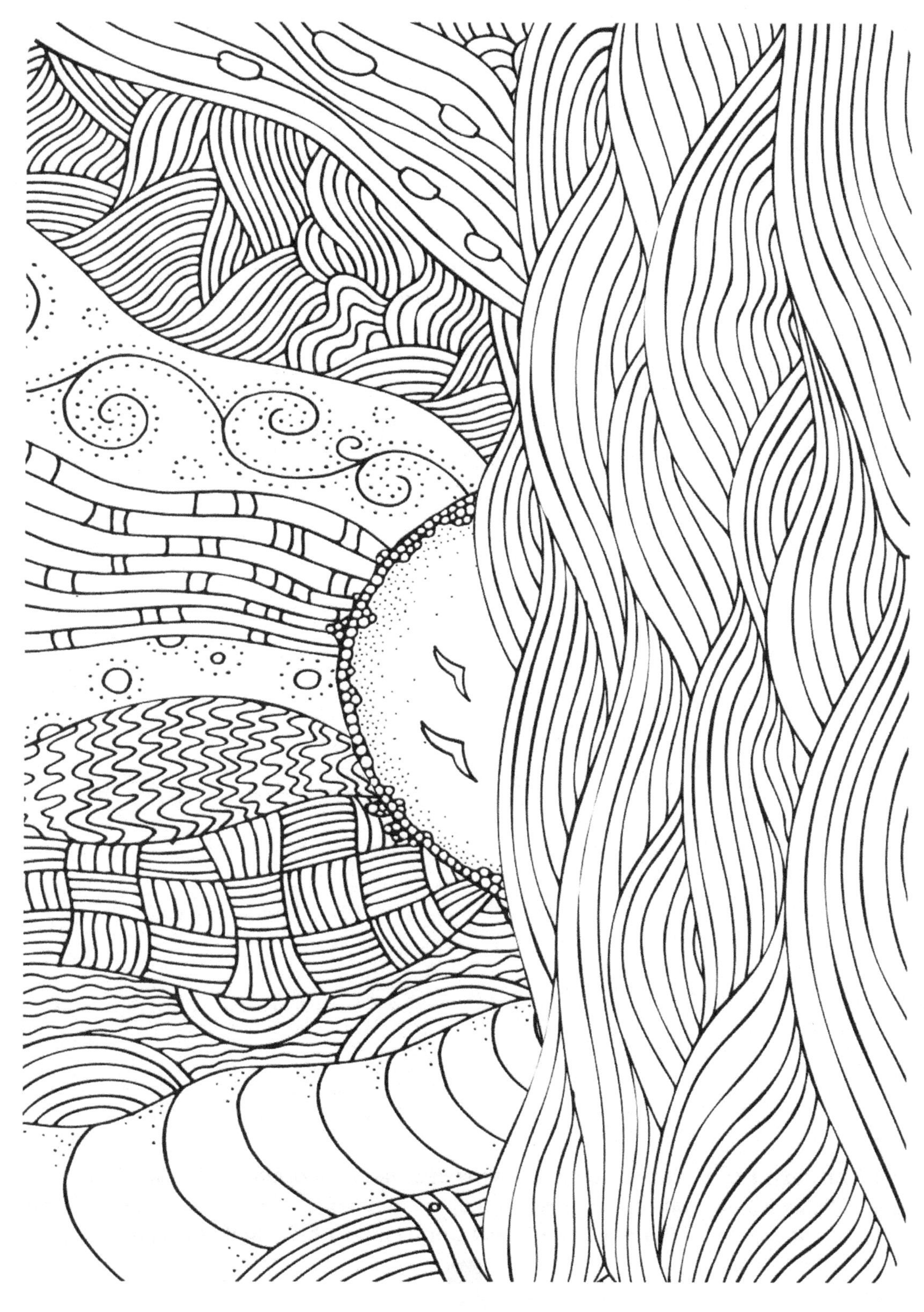

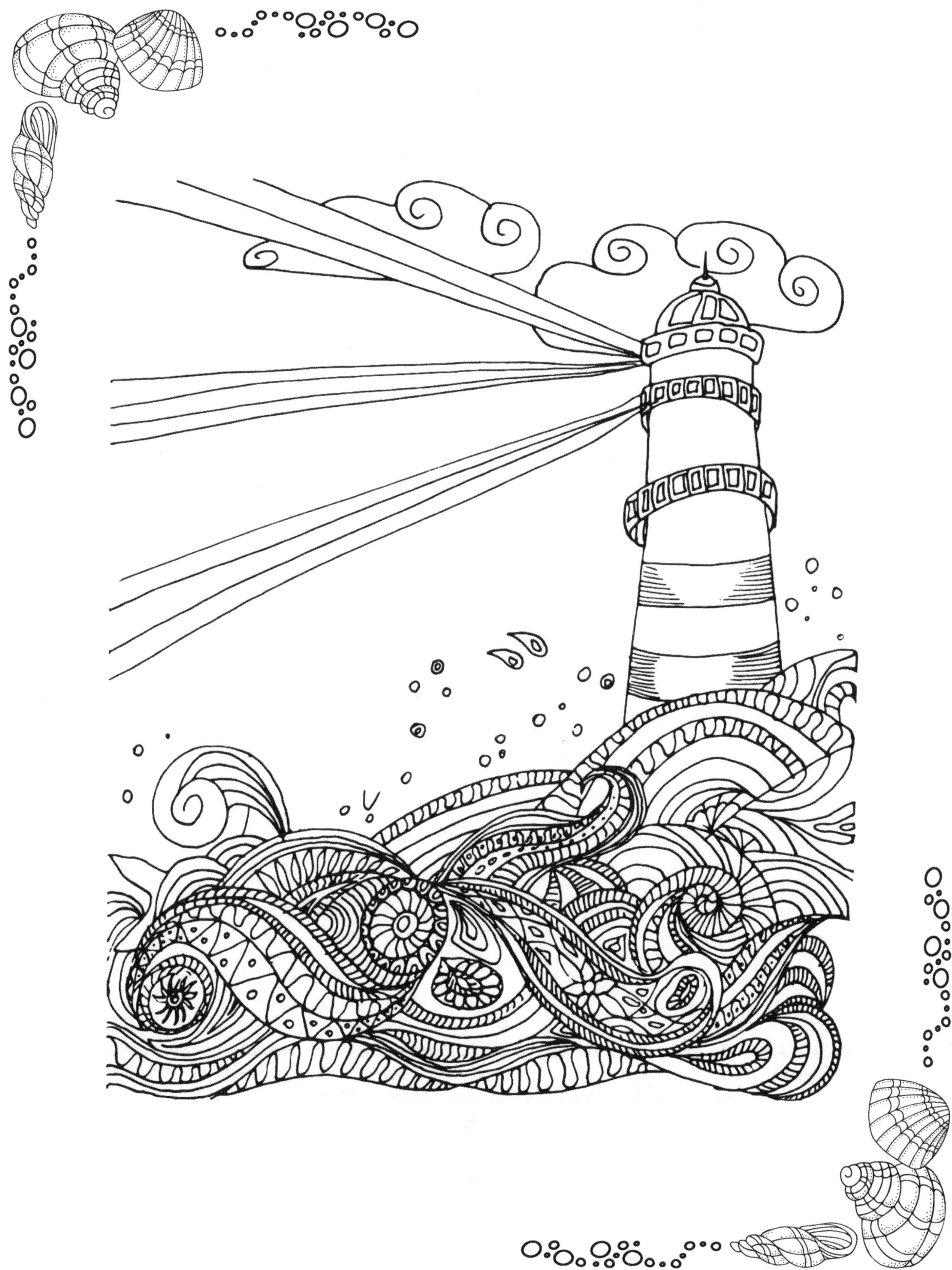

Questo è un sanguinare attraverso pagina se si utilizza un colorante indicatore o una penna!
Trovare altri grandi titoli di ricerca per disegni da Colorare Bandit su Il tuo libro preferito rivenditore
Amazon.Ca | Barnes & Noble (BN.Com) | Libri 1 Milione (BAM.Com)

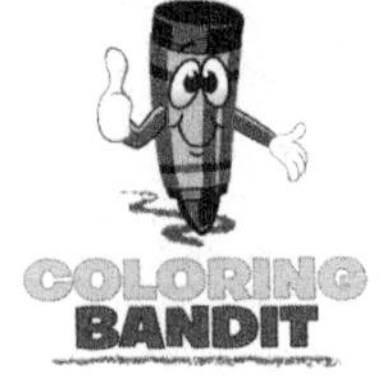

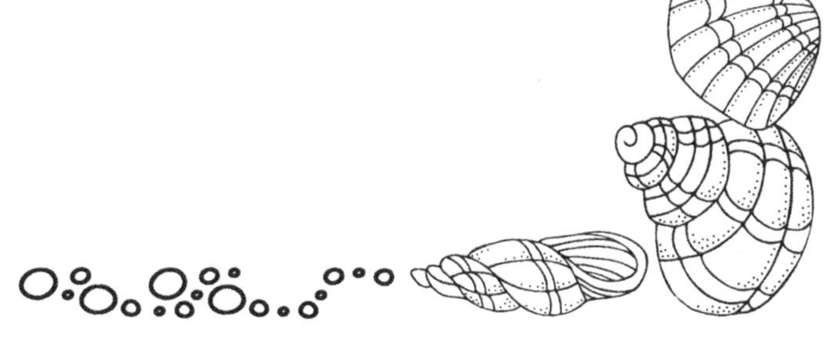

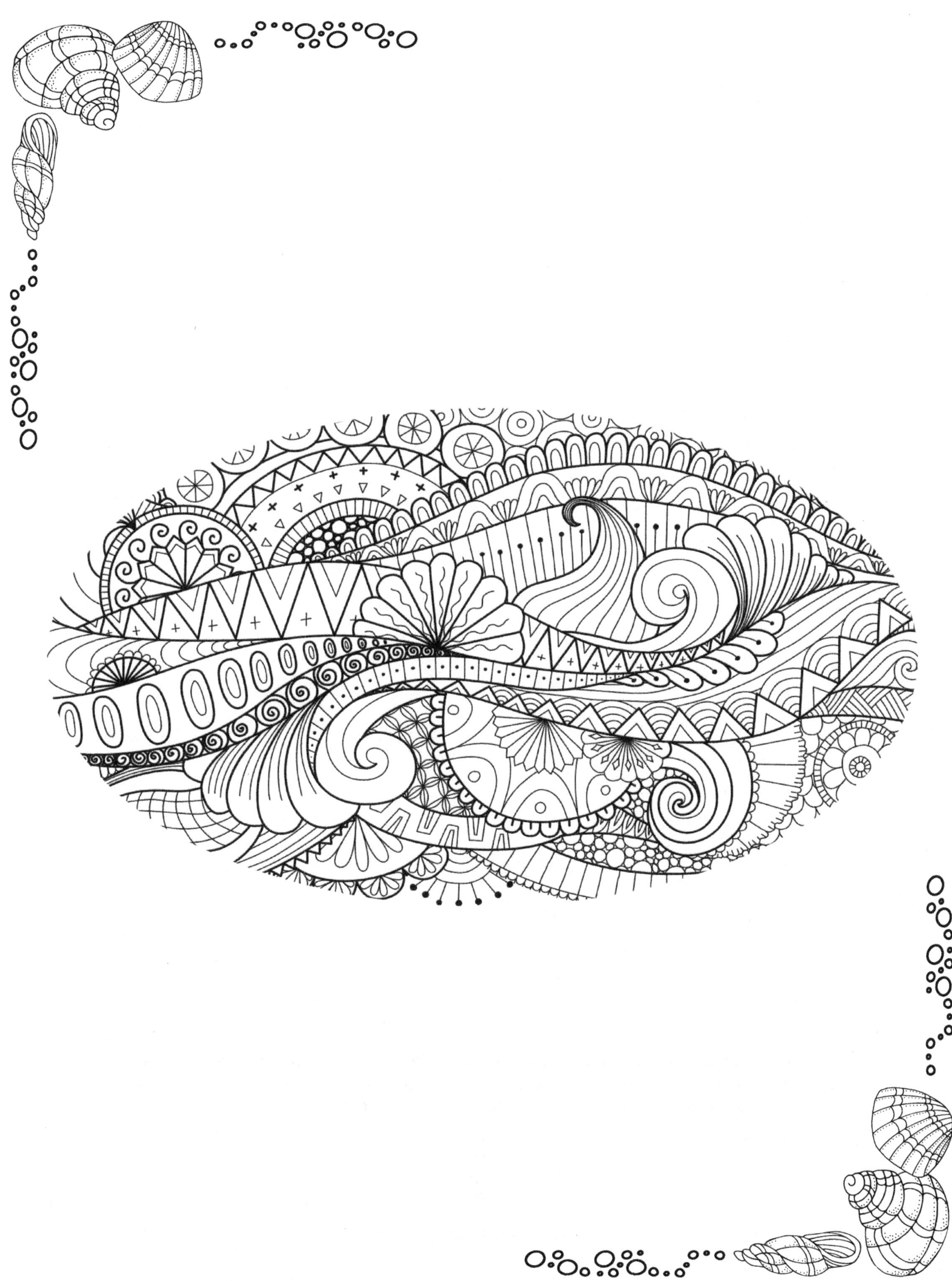

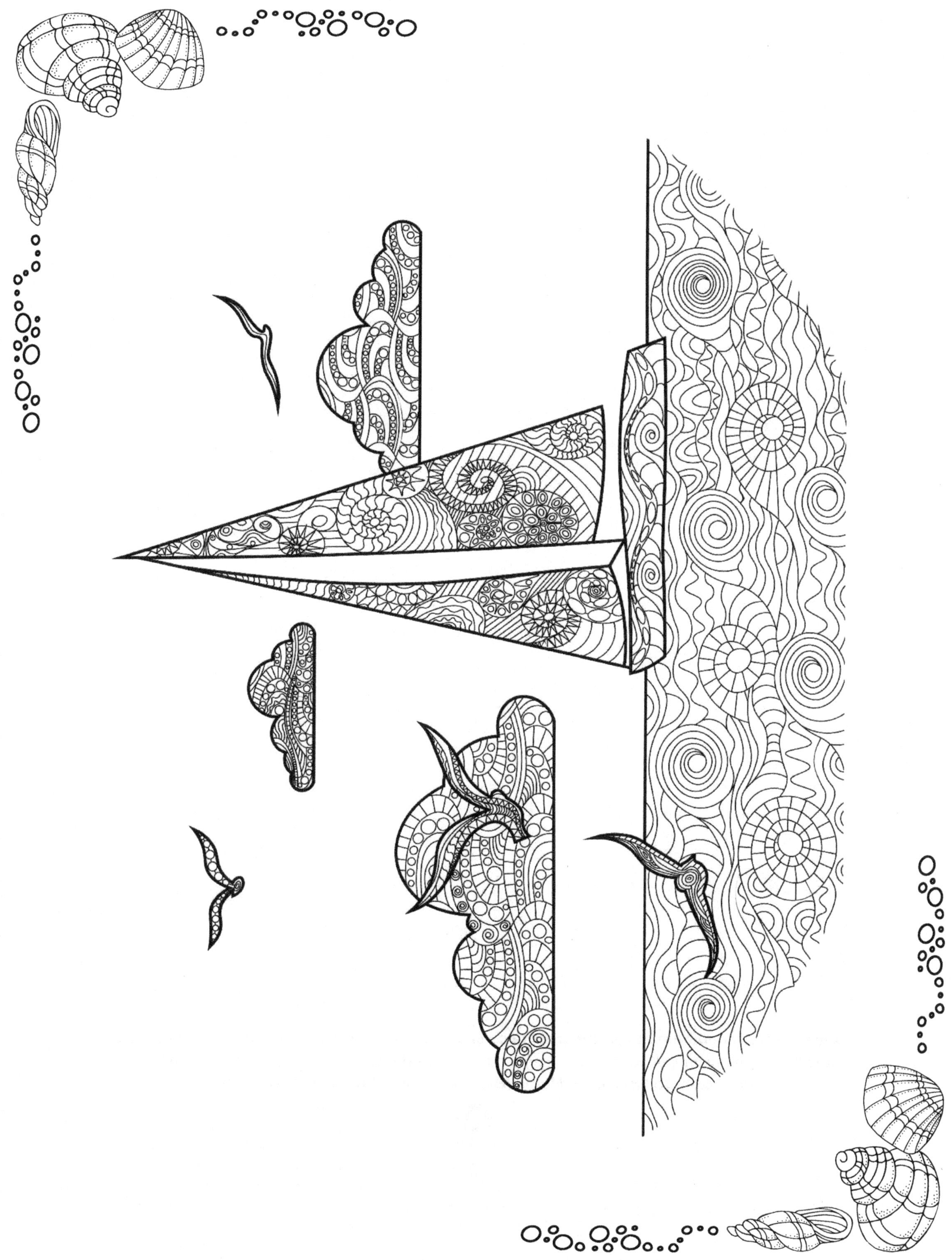

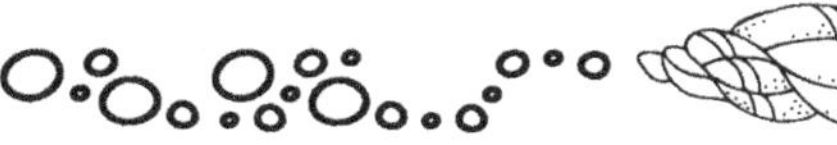

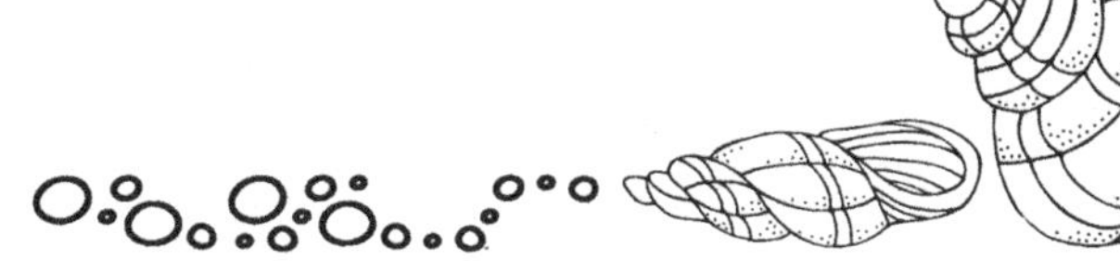

Made in the USA
Monee, IL
07 July 2026

56545415R00037